AF339840

# 200

# MILLIONS

## A LA FRANCE

## A Messieurs les Membres de l'Assemblée Nationale

PARIS

Imprimerie Schiller, 10, faubourg Montmartre

1872

# 200 MILLIONS A LA FRANCE

# 200 MILLIONS

## A LA FRANCE

A Messieurs les Membres de l'Assemblée
Nationale

PARIS

Imprimerie Schiller, 10, faubourg Montmartre

1872

# 200 MILLIONS A LA FRANCE

A Messieurs les Membres de l'Assemblée
Nationale

MESSIEURS,

Depuis trois mois le grave sujet de vos
préoccupations, c'est de trouver, sans rui-
ner le commerce, sans nuire aux transac-
tions, sans accumuler les misères,, c'est de
trouver, dis-je, le moyen pratique de payer
la lourde contribution de guerre que le
traité de Francfort nous impose et qu'un
plus récent traité confirme.

Ce traité n'est pas à discuter, nous le su-
bissons en vertu de l'axiome : « la force
prime le droit. »

Tous les moyens ont été employés pour libérer le sol français.

La Souscription patriotique des dames de France n'a produit, malgré bien des efforts, qu'une maigre somme.

Vous l'aviez bien compris, puisque vous ne l'avez point encouragée.

Vous avez fait argent de tout.

Tout ce qui était imposable, et même ce qui n'aurait jamais dû l'être, a été imposé.

La France paye sans murmurer, mais non sans souffrir.

Elle fait des efforts surhumains pour arracher son territoire à nos âpres ennemis.

En ces temps derniers, l'impôt sur les matières premières et sur le chiffre des affaires a donné lieu à une discussion politique qui, sans votre sagesse, eût amené une crise douloureuse.

Vous avez besoin de *deux cents millions* pour rétablir l'équilibre du budget et faire face à vos engagements.

Ces *deux cents millions* vous sont nécessaires, indispensables pour payer notre rançon.

Si j'avais eu l'honneur de siéger parmi vous, je n'aurais pas été si loin pour trouver cette somme, et ma proposition n'aurait pas soulevé de tempête dont l'écho retentit encore.

J'aurais laissé de côté :

La *taxe sur le revenu;*

L'impôt :

Sur le *chiffre des affaires;*

Sur les *matières premières;*

Sur les *domestiques;*

Sur les *chevaux;*

Sur le *sel;*

Sur les *allumettes.*

Je n'aurais pas songé à dégrever le budget au moyen de réductions insignifiantes, souvent injustes et toujours inefficaces.

Petites économies que celles-là.

Voici ce que je vous aurais proposé, et je n'aurai eu qu'à choisir parmi une multitude d'arguments pour soutenir ma thèse.

Qu'un de vous, messieurs, pardonnez-moi la vulgarité de cette expression, qu'un de vous monte hardiment à la tribune et attache le grelot, le pays entier applaudira des deux mains celui qui, par patriotisme, aura le courage de braver un préjugé et de dire tout haut ce que tout le monde pense tout bas.

Il y a deux ans, celui qui eût proposé un semblable moyen pour combler le vide de notre caisse, eût été mis au ban de l'opinion publique; aujourd'hui, heureusement, il n'en est plus ainsi, la discussion sur cette matière a fait jaillir la lumière et, à part deux ou trois journaux plus égoïstes·que pratiques, la presse est unanime à reconnaître que ce moyen est préférable à tous autres, en ce sens qu'il n'atteint pas les classes ouvrières, ne ruine personne et qu'il vous dispenserait, suivant l'expression si juste de M. Thiers, « de l'impôt impopulaire. »

Ce sera peut-être le seul impôt volontaire.

Il nous faut de l'argent. J'aurai pu rechercher dans l'histoire des exemples pour vaincre les scrupules de quelques-uns d'entre vous.

A quoi bon?

La nécessité est plus forte que l'histoire.

Je veux parler du rétablissement des jeux en France.

Nous avons sous les yeux un exemple frappant des ressources que cela nous apporterait.

Dans la séance du 28 février, le ministre des finances déclara aux membres du Reischstag de Berlin qu'il fallait, *à tout prix* consolider la loterie à titre définitif, *que son revenu lui était indispensable* pour faire face à ses dépenses.

Pour faire face à ses dépenses! Vous comprenez ce que cela veut dire.

Pour construire des fortifications autour de Metz et de Strasbourg et entretenir une forte armée !

N'y a-t-il pas dans ce fait de quoi donner à réfléchir ?

Et une hésitation est-elle possible ?

Si il y a dix ans nous avions fait comme les Allemands, peut-être n'eussions-nous pas été vaincus ?

Dans tous les cas, la terrible réalité est là, et les récriminations sont veines, il nous faut combler le gouffre, et à *tout prix* de l'argent.

Les impôts établis sont temporaires;

faites de même pour celui-là, rétablissez les jeux pour un laps de temps plus ou moins long, faites-en l'essai loyal.

Si l'ouverture de maisons de jeux tue les tripots et rapporte à l'Etat une grosse somme, les moralistes seront forcés de déclarer qu'ils ont tort, devant les résul, tats du fait accompli.

Si, contre mes prévisions, des désastres se produisaient, et bien vous feriez, comme en 1848, vous fermeriez purement et simplement les maisons de jeux.

Mais ceci n'est pas à craindre, car j'ai eu la curiosité de rechercher dans les journaux de 1819 à 1837 la statistique des suicides, et je vous avoue que ce chiffre était parfaitement normal et que le jeu n'en était pas la cause.

A toutes les époques, on crie à l'abus, il faut à certains moralistes une marotte, « la guerre est un assassinat, une boucherie », parce que nous venons de perdre dix batailles et cent mille hommes.

Nous recommencerons, c'est indubitable.

Le jeu « est une passion funeste », disent les mêmes hommes, ils mettent à son avoir toutes les folies humaines ; qu'on rouvre les établissements de jeu et qu'ils n'aient plus à payer la livre d'allumettes un franc quarante centimes, leur horreur s'atténuera.

Qu'ils soient dégreves des milliers de petits impôts qui réduisent la valeur d'une pièce de cinq francs à un franc vingt-cinq, ils vous donneront raison et vous sauront gré économiquement.

Nous avons besoin de deux cents millions, le jeu nous les donnera, c'est un fait acquis, mais ce ne sera pas son seul bien, il nous donnera une somme peut-être supérieure qui passera par le commerce pour retomber dans les caisses de vos percepteurs sous forme d'impôts sur les portes et fenêtres, sur les patentes. cotes mobilières et personnelles, etc., etc.

En voici la preuve.

Depuis deux ans, la ville de Paris a perdu un certain nombre d'habitants : une récente statistique le prouve, un très grand nombre d'appartements sont inoccupés, jamais autant de boutiques n'ont été à louer, les propriétaires, naturellement, en l'absence de locataires, ne paient pas la cote mobilière et personnelle des logements inoccupés.

C'est donc une grosse somme perdue pour l'Etat.

Peut-on l'évaluer?

Cela est presque impossible. Mais on peut, sans exagération, dire que la ville de Paris perd cinquante millions par année.

Les propriétaires, ne touchant pas de loyers, ne font faire aucune réparation.

Ensuite, en présence de tant d'appartements inoccupés, les loyers diminuent d'un quart et aucune construction nouvelle ne s'élève. Si on consulte la liste des terrains vagues, même dans les quartiers les plus favorisés, on verra que la construction est presque nulle.

Alors, les architectes, les peintres, les serruriers, les menuisiers, les terrassiers, les maçons, les entrepreneurs, en un mot l'industrie si importante du bâtiment est dans un chômage presque complet.

Les ouvriers émigrent dans les villes où ils trouvent du pain, et malheureusement ce n'est pas en France; ils vont où va notre argent : à l'étranger.

Mais, dira-t-on, les recettes des chemins de fer ont augmenté.

Ce n'est pas un fait normal. Après le siége de Paris et la Commune, un grand mouvement de marchandises eut lieu ; nos gares étaient encombrées et il fallait ravitailler Paris ; puis, hélas ! un grand nombre d'étrangers sont venus visiter nos ruines, et, enfin, beaucoup d'individus fuyaient.

L'année prochaine, on verra si cette augmentation de recettes était sérieuse, car la curiosité est calmée et nos magasins sont pleins.

Déjà on pourrait en avoir la preuve en consultant les livrés de l'industrie de luxe, elle ne vit que par l'étranger, et sa situation est des plus précaires.

Cet état de choses tient à deux causes.

L'une purement politique : la crainte d'un nouveau 18 mars.

L'autre : la décapitalisation de Paris.

Le rétablissement des jeux aurait donc pour résultat immédiat de grossir le budget de la ville de Paris.

D'après une statistique faite à Bade, il

passe dans cette ville,quatre-vingt-mille étrangers :

Anglais ;

Russes ;

Suédois ;

Turcs ;

Américains ;

Espagnols ;

Italiens.

Admettons (et nous serons au-dessous de la vérité), qu'à Spa, Hambourg, Wiessbaden et Monaco réunis, il en passe 120,000, nous aurons un total de 200,000 individus.

La plupart des voyageurs, pour ne pas dire tous, sont suivis de leur famille et d'un nombreux personnel ; il n'est donc pas exagéré d'évaluer le chiffre des étrangers qui viendraient chez nous à deux cents environ.

Quelle source immense de richesse, si on pouvait les attirer aux environs de Paris, à proximité de la capitale qui retrouverait, par leur présence, son ancienne splendeur.

Si chaque étranger, ce qui est bien modeste comme évaluation , dépense en moyenne mille francs pendant sa saison, nous atteignons le chiffre de deux cents millions.

Et dans ce chiffre ne sont pas compris les achats de toute nature. Je parle seulement de la vie matérielle.

Les sites de Bade, de Hombourg, de Spa et de Monaco, ont leur équivalent chez nous.

Les forêts de Fontainebleau, de Sénart, Rambouillet, Saint-Cloud, les bois de Boulogne et de Vincennes, Enghien , la vallée de Montmorency , la vallée d'Hyères, etc., sont adorés des touristes et des artistes.  .

Quant aux sources minérales, nous n'avons que l'embarras du choix, il n'y a pas en France un village, un hameau qui n'ait sa source réputée miraculeuse à dix lieues à la ronde.

Le jeu est immoral, voilà la raison mise en avant par les esprits superficiels, à qui l'avenir de la France, sa prospérité, sa grandeur, sont choses indifférentes.

Il semblerait qu'en France on n'a jamais

joué, qu'on ne joue pas et que nous sommes des petits saints.

Mais, messieurs, jetez donc sans parti pris un coup d'œil autour de vous.

On joue dans les cercles un jeu d'enfer, et vous ignorez les énormes différences qui se produisent tous les soirs par la facilité qu'ont les joueurs de jouer sur parole.

Croyez-vous qu'un homme qui gagne cent mille francs dans sa soirée ne paierait pas joyeusement un dixième de son bénéfice?

On ne joue pas que dans les cercles.

A la Bourse tous les jours.

Les loteries.

A la Halle aux blés et farines tous les mercredis.

Sur les connaissements des navires;

Sur les bois;

Sur les huiles;

Aux courses.

C'est aux courses surtout que le jeu est flagrant; cinquante agences vivent d'un gros revenu et ont un roulement de fonds qu'on peut évaluer à cent millions.

Beaucoup de ceux qui crient contre le jeu entrent dans une agence ou sur le champ de courses, et trouvent tout naturel de parier pour ou contre un cheval.

En un mot, on joue sur tout et d'une façon qui échappe aux investigations de l'autorité, qui, dans tous les cas, ferme les yeux.

Que le jeu s'appelle, suivant sa forme, *agiotage* ou *spéculation*, c'est la même chose.

Est-il plus moral d'acheter cinquante mille francs de rentes sans lever les titres, de jouer sur une valeur qui haussera ou baissera suivant les événements, que de mettre un louis à la roulette ou au trente-et-quarante?

Songe-t-on à jeter l'anathème sur les spéculateurs qui achètent à crédit, vendent au comptant une marchandise, encaissant sans bourse délier une différence parfois considérable?

Evidemment non : c'est dans l'ordre de chose établi.

Quant aux tripots qui, depuis la suppression des jeux publics, ont pris une si grande extension, je ne vous en parle que pour mémoire, les journaux se chargent quotidiennement de ce soin ; ils deviennent d'ailleurs si peu nombreux, qu'un commissaire spécial ne suffisant plus, un récent décret du préfet de police répartit leur surveillance entre tous les commissaires de la ville de Paris.

Savez-vous au juste, messieurs, combien on suppose de tripots à Paris, depuis le café luxueux jusqu'au cabaret borgne?

Quatre mille environ!

Savez-vous quelle immense somme d'argent encaissent journellement ceux qui tiennent ces tripots?

Environ, par jour, *deux cents mille francs.*

Par mois, *six millions.*

Par an, c'est-à-dire par trois cent soixante-six jours, *soixante-treize millions deux cent mille francs.*

Et cette somme n'est pas prélevée sur les étrangers, elle est prélevée sur des joueurs de toutes conditions, qui trouvent un accès facile dans ces maisons.

Comment cette somme, vous demanderez-vous, vient-elle dans la caisse des gens qui font jouer?

Bien simplement.

Supposons huit joueurs autour du tapis vert; si chacun des joueurs monte la banque au moins six fois à 16 francs, le banquier met un franc à la *cagnotte*, six par huit donnent quarante-huit, Voilà donc un impôt conventionnellement acquis au maître de l'établissement.

Il existe des maisons où la *cagnotte* est de deux francs. J'ai pris la moyenne, et je suis au-dessous de la vérité en citant le chiffre de 73,200,000 francs.

Oui, mais ajoutent les entêtés, si on rétablit les jeux, l'ouvrier, le petit bourgeois, le commerçant, iront dans le « gouffre » perdre le fruit de leurs économies et même le pain de leur famille.

Mauvaise et pauvre raison.

C'est actuellement qu'ils y vont, parce qu'ils peuvent y aller en cachette, et que, d'ailleurs, ils n'ont pas besoin de se déranger puisqu'on joue au cabaret qu'ils fréquentent.

Si on ouvrait les maisons de jeux à Paris

et que le premier venu pût y entrer et jeter un franc sur le tapis vert, oui, il y aurait un danger réel.

Nous en avons eu la preuve.

Lorsqu'au Palais-Royal on recevait des enjeux de *cinq sols* à *quinze sols*, il y avait quarante maisons de jeu.

Lorsque la mise fut élevée de un franc cinquante à trois francs, les maisons de jeux descendirent au chiffre de dix.

Et enfin, lorsque la mise atteignit de de deux francs *minimum* à cinq francs *maximum*, on ne compta plus que huit maisons de jeux.

La raison, c'est que les petites bourses n'alimentaient plus les petites maisons, qui durent disparaître.

Qu'on installe, pour concilier toutes les exigences, un Casino à douze ou quinze lieues de Paris, et qu'on élève la mise à cinq francs, un homme de classe moyenne ne pourra aller jouer.

D'ailleurs, les maisons de jeux clandestines existent, c'est irréfutable, puisque le jeu est une passion plus puissante que tous les raisonnements du monde. Vous avez intérêt à le moraliser et le réglementer.

Il y a sagesse à vouloir ce qu'on ne peut empêcher et à en tirer profit.

C'est aujourd'hui, en tolérant les tripots et les jeux sous ses formes multiples, que nous sommes immoraux, j'allais dire impuissants.

Une bonne loi n'est pas difficile à faire avec de semblables éléments.

La France a besoin de deux cents millions et si Paris valait bien une messe pour le bon Henri IV, une telle somme vaut bien la peine qu'on s'occupe de rétablir les jeux.

De 1819 à 1837, le gouvernement français perçut la somme, relativement énorme pour l'époque, de :

138,316,381 fr.

De 1838 à 1870 les Allemands ont encaissé

2,500,000,000 fr.

Vous lisez bien deux milliards cinq cents millions, quelle quantité de canons Krupp représente une pareille somme !

Voilà bientôt quatre mois qu'une pétition du syndicat des villes d'eaux, git dans vos cartons, je comprends qu'on l'ait oublié; qu'on l'en retire au plus vite, il y a urgence.

Décrétez seulement que les jeux sont ouverts en France.

Parmi vous, messieurs, les hommes compétents ne manquent pas. Elaborez un règlement qui écarte le mineur, l'ouvrier, le petit bourgeois, du tapis vert, entourez le jeu de toutes les garanties de moralité possible, placez ces établissements éloignés des grands centres, pas assez loin pour qu'ils n'en puissent profiter, mais aussi pas assez près pour que les Français puissent s'y transporter.

Puisque ce n'est pas pour les Français que s'ouvriront les maisons de jeux, car cette année il n'y en a aucune à Bade, pourtant le chiffre des visiteurs est considérable.

Le moyen pratique d'affermer les jeux est bien simple.

Une fois le décret rendu, que le gouvernement fasse soumissionner, tout en se réservant le droit de choisir parmi les soumissionnaires, même si le prix offert est plus faible, celui qui lui offrira de plus grande garantie de moralité, car la moralité du fermier c'est la sincérité des jeux.

Pour plus de garanties, forcez le fermier à observer strictement votre règlement ; placez-le, comme jadis, sous la surveillance de commissaires spéciaux, et vous aurez d'un seul coup, en agissant ainsi, sauvé la morale et la caisse.

Lorsque les jeux furent fermés en France, ce fut ainsi que les Allemands procédèrent. M. Bénazet obtint le fermage des jeux, grâce à sa grande réputation d'honnêteté.

Songez que les Allemands ont drainé l'or du monde entier et qu'ils s'en sont fort bien trouvé. Souvenez-vous aussi des paroles prophétiques de M. de Cambacérès :

« En supprimant les jeux ne sera-ce
« point là une illusion comme les honnêtes
« gens savent si aisément s'en créer ; et
« n'est-il pas à redouter que le jeu, que
« vous aurez dépouillé du manteau légal
« qui l'enveloppait et sous lequel il était

« facile de le surveiller, ne parvienne
« bientôt à se ménager des retraites nom-
« breuses et inaccessibles.

« Il ne faut que mettre à nu le cœur
« humain, au fond duquel germent si
« généralement le besoin des émotions
« vives et la soif de l'or, pour partager
« mes inquiétudes, tandis que, pour croire
« à l'efficacité du remède, il faut aux lois
« plus de force qu'elles n'en peuvent
« avoir. »

L'événement lui a donné raison.

Les décrets du 22 juillet 1791 — 24 juin 1806,
— l'article 410 du Code pénal, — l'article 10
de la loi du 18 juillet 1838.

Un groupe de jurisconsultes, compétents
en pareille matière, ont analysé ainsi
l'importance des divers décrets sur la ques-
tion des jeux, et si on ne veut pas accorder
les jeux publics, ils demandent, se basant
sur la loi, l'ouverture de cercles particuliers, mais c'est toujours deux cents
millions par an pour le trésor.

. . . . . . . . . . . . . . . . . . . .

« La suppression des jeux en France a
» été l'acte d'un gouvernement faible qui
» n'a pas su résister à l'action persistante
» d'attaques systématiques et malveil-

» lantes dont on s'était fait un moyen
» d'opposition.

» Cependant il faut reconnaître que cer-
» tains scandales s'étaient manifestés ; les
» jeux, tels qu'ils étaient établis, avec
» leur publicité et la facilité avec laquelle
» tout venant était admis, présentaient de
» graves inconvénients.

» C'est sous l'empire de ces circons-
» tances que la loi du 18 juillet 1836 a dé
» claré qu'à partir du 1er janvier 1837, les
» JEUX PUBLICS *seraient prohibés;* aussi, en
» présence de cette disposition légale, ce
» n'est pas le rétablissement des JEUX pu-
» blics que nous nous proposons de de-
» mander.

» Les jeux supprimés, une quantité in-
» nombrable de maisons clandestines se
» sont ouvertes, maisons bien autrement
» dangereuses, dans lesquelles ne peut
» s'exercer l'action de la police pour pro-
» téger, contre les excitations, les embû-
» ches et les escroqueries de toutes sortes,
» ceux que leurs goûts ou leurs passions
» entraînent.

» Malgré l'activité incessante des pour-

» suites dirigées contre elles, ces maisons
» existent et ceux qui les tiennent réa-
» lisent des sommes importantes chaque
» jour. A mesure que l'autorité en sup-
» prime, d'autres renaissent ; elles sont un
» embarras grave pour l'administration et
» une véritable plaie sociale. Avec des
» établissements autorisés, ces maisons
» n'auraient plus raison d'être et dispa-
» raîtraient infailliblement.

» N'a-t-on pas également été frappé du
» développement que le jeu a pris depuis
» l'époque de sa suppression ?

» Des maisons autorisées, il s'est intro-
» duit dans la famille au grand scandale
» de la société. N'est-il pas logique d'en
» attribuer la cause à la fermeture des
» jeux ?

» La Belgique, la Prusse, divers Etats
» d'Allemagne, la Sardaigne ont ouvert,
» sur nos frontières, des maisons de jeux
» et en recueillent les avantages au pré-
» judice de la France.

» Examinons maintenant, dans l'état
» de la législation, le droit du pouvoir
» exécutif.

» Toute la législation sur la matière se
» résume dans la *loi du 22 juillet* 1791, celle
» du 24 *juin* 1806, l'*article* 410 *du Code pénal*,
» et enfin l'*article* 10 de la *loi du* 18 *juillet*
» 1836.

» La loi du 22 *juillet* 1791 autorise, sous
» certaines peines correctionnelles, la te-
» nue des jeux de hasard.

» Le décret impérial du 24 *juin* 1806 re-
» nouvelle la prohibition des jeux de ha-
» sard dans toute l'étendue de l'Empire
» mais l'*article* 4 de ce même décret RÉ-
» SERVE AU POUVOIR EXÉCUTIF LE DROIT DE
» FAIRE, POUR LES LIEUX OU IL EXISTE DES
» EAUX MINÉRALES, PENDANT LA SAISON DES
» EAUX ET POUR LA VILLE DE PARIS, DES RÊ-
» GLEMENTS PARTICULIERS SUR CETTE PARTIE.

» Le Code pénal publié en 1810, dans son
» *article* 410, comme le *décret du* 24 *juin*
» 1806, renouvelle les prohibitions de la
» *loi du* 22 *juin* 1791.

» Malgré la généralité des termes de
» l'*article* 410 du Code pénal, le *décret du*
» 24 *juin* 1806, en ce qui concerne la ré-
» serve spéciale contenue dans son *ar-*
» *ticle* 4, n'en a pas moins conservé toute

» sa force et puissance, et le pouvoir exé-
» cutif est en possession du droit d'autori-
» ser *pour Paris et les lieux ou il existe des*
» *eaux minérales, des établissements de jeux*
» *de hazard.*

» Le Code pénal n'a point abrogé ce dé-
» cret ; il n'est venu, en quelque sorte.
» que le confirmer.

» Le pouvoir exécutif a usé, quand il
» l'a jugé convenable, du droit qui lui est
» réservé par le décret de 1806, sans qu'il
» soit jamais entré dans la pensée d'aucun
» légiste, d'apposer à l'exercice de ce décret
» les prohibitions de l'article 410 du Code
» pénal.

» Quant à la loi du 18 juillet 1836, ar-
» ticle 10, elle porte qu'à partir du 1er jan-
» vier 1837, les *jeux publics sont prohibés.*

» Mais cette prohibition ne porte aucune
» atteinte au droit expressément réservé.
» par le décret du 24 *juin* 1806, réservé au
» pouvoir exécutif , d'autoriser des *cercles*
» *particuliers* dans lesquels on pourrait
» jouer les jeux de hasard ; aucun doute
» ne peut exister à cet égard et s'il ne l'a
» pas fait depuis 1837, c'est qu'il n'a pas

» reconnu l'utilité et l'opportunité, ou que
» l'Etat n'avait pas besoin d'argent.

» Nous considérons cette utilité et cette
» opportunité parfaitement justifiées par
» les raisons que nous avons développées
» plus haut et nous venons demander au
» gouvernement de faire usage du droit
» qui lui est réservé par le décret impé-
» rial du 24 juin 1806, en autorisant l'ou-
» verture de cercles particuliers. »


Veuillez, messieurs, agréer l'assurance
de mon profond respect et puissiez-vous
comprendre et appliquer immédiatement
l'idée pratique que me suggère mon patriotisme.

CH VIRMAITRE